民国经典童书

儿童古今通

氏春秋童话

- 仇人和亲人
- 为什么还要感激他
- 逐臭的人
- 儿子做父亲偷羊的证人
- 自己吃自己的肉
- 桑树下的饿人
- 破衣服并不算顶坏……

吕伯攸 著

图书在版编目（CIP）数据

吕氏春秋童话/吕伯攸著.—北京：知识产权出版社，2019.1
（儿童古今通）
ISBN 978-7-5130-5848-3

Ⅰ.①吕… Ⅱ.①吕… Ⅲ.①杂家 ②《吕氏春秋》—少儿读物
Ⅳ.①B229.2-49

中国版本图书馆CIP数据核字（2018）第214855号

责任编辑：王颖超	责任校对：潘凤越
文字编辑：褚宏霞	责任印制：刘译文

吕氏春秋童话

吕伯攸　著

出版发行：知识产权出版社有限责任公司	网　　址：http://www.ipph.cn
社　　址：北京市海淀区气象路50号院	邮　　编：100081
责编电话：010-82000860 转 8655	责编邮箱：wangyingchao@cnipr.com
发行电话：010-82000860 转 8101/8102	发行传真：010-82000893/82005070/82000270
印　　刷：三河市国英印务有限公司	经　　销：各大网上书店、新华书店及相关专业书店
开　　本：880mm×1230mm　1/32	印　　张：2.75
版　　次：2019年1月第1版	印　　次：2019年1月第1次印刷
字　　数：35千字	定　　价：22.00元
ISBN 978-7-5130-5848-3	

出版权专有　侵权必究
如有印装质量问题，本社负责调换。

序　说

　　《吕氏春秋》是秦相吕不韦辑成的。全书分十二纪、八览、六论，共一百五十九篇；每篇都用两个字作篇名，如《仲春》《贵生》《情欲》等。

　　据说，这部书完成以后，曾经将它陈列在咸阳城门口，并且出了一张赏格：要是有人能在书中增加一个字进去，或是删减一个字的，给他一千金。可是，那时候的人，竟没有能增减一个字的——这便可见这部书的价值了。

　　书中所论述的，陈义虽然太高，文字又十分艰深，似乎小朋友们不容易领会。不过，其中所引的例证，却

吕·氏·春·秋·童·话

不论童话、寓言、笑话……包涵很广,而且一大半是很富于兴味,而为小朋友们所喜悦的。因此,现在特地选取二十余则,将它译成语体文,以贡献于爱读本书的小朋友们之前。

目 录

仇人和亲人//3

为什么还要感激他//7

逐臭的人//11

儿子做父亲偷羊的证人//14

自己吃自己的肉//17

桑树下的饿人//20

破衣服并不算顶坏//25

叫婴儿游泳//29

不相信夏布是麻制的//32

哪里有面目去见仲父//35

由戏谑引起的一场大战//42

请你给了我吧//46

吕·氏·春·秋·童·话

不要理他//*49*

子产和邓析//*52*

难道你还不合算//*55*

一片梧桐叶的故事//*58*

作法自毙//*62*

掘井得了一个人//*65*

夔只有一只足吗//*68*

百姓们的口是防不住的//*71*

黎丘的鬼//*74*

编后记//*78*

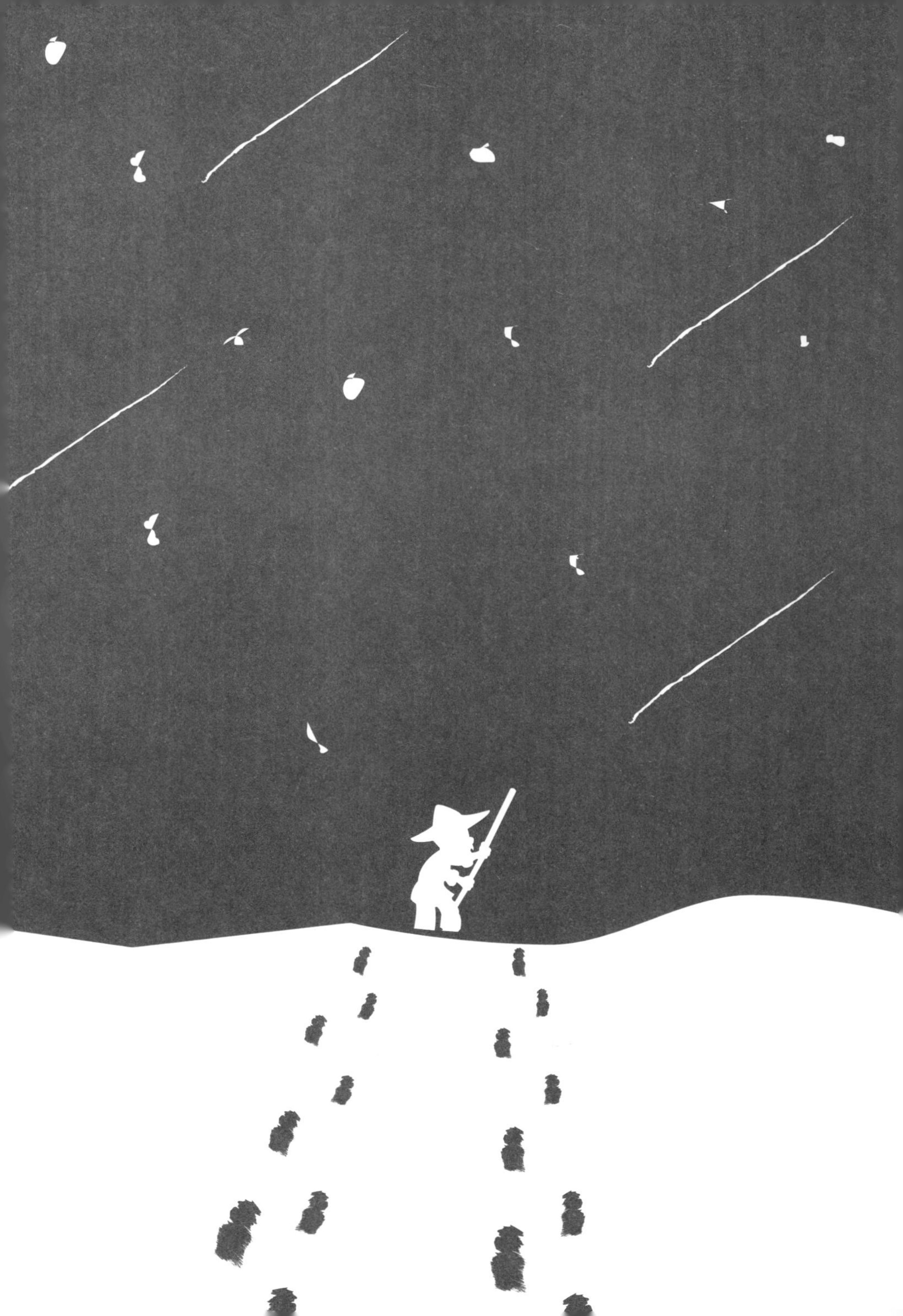

仇人和亲人

有一天，祁黄羊❶去谒见晋平公❷，平公和他谈了一会儿，便问他道："现在，南阳令❸恰好出缺，你看派谁去担任最为适宜？"

黄羊不假思索地答道："依我看起来，还是派解狐❹去罢！"

---

❶ 祁黄羊：名奚，春秋晋悼公时为中军尉。
❷ 晋平公：名彪，晋悼公的儿子。
❸ 令：官名，意思就是长。
❹ 解（xiè）狐：春秋晋人。

吕·氏·春·秋·童·话

平公很诧异道:"解狐!不是你的仇人吗?你怎么别人不保举,偏偏要保举他呢?"

黄羊答道:"君上问我的,是谁有才干,可以充任这南阳令的职务,并没有问我的仇人是谁啊!解狐虽然是我的仇人,但是,以他的才干看来,要是去做南阳令,是一定可以胜任的。"

平公点头道:"好,就照你的意思办理罢!"

当日,晋平公便下了一道命令,叫解狐去做南阳令。晋国的人听到了这个消息,谁都非常欢喜。

过了几天,平公又问黄羊道:"我们国里,现在又少一个尉❶,你看谁可以补这个缺?"

黄羊却老实不客气地答道:"就派午去罢!"

---

❶ 尉:古代官名。

吕·氏·春·秋·童·话

平公又很诧异地道:"午!他不是你的儿子吗?你怎么不保举别人,却偏偏要保举你的儿子呢?"

黄羊答道:"君上问我的,是谁有才干,可以充任这个尉的职务。当然,我只要把最适宜做尉的人才,告诉君上就是了。至于,午是不是我的儿子,又有什么关系呢!"

平公点点头道:"好,就照办罢!"

当日,晋平公又下了一道命令,就叫午去担任尉的职务。晋国的人听到这个消息,大家又都非常欣悦。

孔子❶听到了这两桩事情,也很赞叹地道:"好啊,像祁黄羊这样保举人才,外不避仇人,内不避亲人,真是一个公正的人啊!"

---

❶ 孔子:儒家的始祖。春秋鲁人,名丘,字仲尼。起初做鲁相,后来鲁君不能用他,他便到四方去游历。回到鲁国后,删《诗》《书》,定《礼》《乐》,赞《周易》,修《春秋》,有弟子三千人。

为什么还要感激他

有一家人家,有一个女儿快要出嫁了。忽然有人跑来,对她的父母说道:"你们的女儿嫁出去,将来她一定有死亡的一天的。那么,她所有的财物,不是都被夫家占去了吗?——所以,我现在替你们打算,不如预先嘱咐你们的女儿,叫她嫁过去以后,可以把一切衣服、首饰、银钱等,慢慢地运出来,藏在外边为是!"

父母听了那个人的话,都以为很不错,不期然地便十分感激那个人。并且,当即把这个意思,转告他们的

吕·氏·春·秋·童·话

8

女儿。

过了些时日，女儿出嫁了。她因为很孝顺她的父母，便照着他们的话，常常将自己的嫁妆，或是夫家所有的财物，偷偷地运出来，寄藏在父母那边。

常言道："若要人不知，不如己莫为。"果然，这女儿的行动，不久便给她的姑妐❶知道了。他们都很愤怒地说道："我们的媳妇，已经生了外心❷，难道还可以留她在家里吗？"因此，便宣布她犯了七出❸的罪名，将她驱逐了。

这女儿回到父母的家里。虽然，常是哭哭啼啼的，觉得非常不快乐；她的父母也因为女儿一生的名誉，都给毁坏了，整天总是唉声叹气，说不出的不自在；但是，

---

❶ 姑妐（zhōng）：姑是丈夫的母亲；妐是丈夫的父亲。有的地方，称丈夫的哥哥也叫妐。

❷ 外心：和异心差不多，意思就是说心已经变得向着外方了。

❸ 七出：从前，我国对待女子很不平等。所以，女子只要犯了无子、淫佚、不事翁姑、口舌、盗窃、妒忌、恶疾等七件事之一，便可以将她驱逐。这就叫做"七出之条"。那女子偷运丈夫家里的东西，当然犯了盗窃一条了。

吕·氏·春·秋·童·话

他们对于那个想出不正当的法子，劝女儿偷运东西的人，非但一点不怨恨，有时遇到了他，反而还不住口地称赞他，说他待人很忠心呢！

他们始终不明白女儿被逐出的原因，真愚蠢啊！

逐臭的人

有一个人，不知道为什么，身上忽然常常发出一股恶臭❶来，使人嗅到了便会作呕❷。

为了这个缘故，他的亲戚、兄弟、妻妾，以及所有和他熟识的人，没有一个能和他住在一起的。

他心里虽然十分感伤，但是，却不愿现身在人家面

---

❶ 恶臭：一种污秽的、很恶劣的气味。
❷ 作呕：呕是把胃里的东西吐出来。作呕的意思是，看到或嗅到一种恶劣的事物，发生不快的反感。

吕·氏·春·秋·童·话

前，讨人家的嫌恶，因此，他便离开了他们，独个人搬到海边上去过活。

海边上本来住着许多土人，他们遇到了那个发臭的人，嗅到那股气味，不知怎样，都觉得有一种说不出的快感。他们便不论白天或夜里，总是追随着他，永远不能离开他了。

人的好恶，却有这样的不同。

吕·氏·春·秋·童·话

儿子做父亲偷羊的证人

楚国❶有一个持身正直的人，他从来不作伪，从来不隐匿私事，存心非常坦白。

有一次，他的父亲偷了人家一只羊，他便到楚王那里去告发道："我的父亲今天偷了一只邻家的羊，这是我亲眼看见的，我因为不愿隐匿，所以特地来做证人。"

楚王十分愤怒，便吩咐左右，打算将那正直人的父

---

❶ 楚国：周成王封熊绎于楚，就是现在湖北秭归县。后来为秦所灭。

儿子做父亲偷羊的证人

亲捉来治罪。

那正直人听到了这个消息，却又觉得有些不忍，便重复到楚王那里去请求，愿意代父亲受罪。

楚王不问情由，真的便将他拘捕起来，将要施刑罚了。这时候，幸亏旁边有一个官吏，代他恳求楚王道："父亲偷了羊，他能够来告发，这可算是正直极了。父亲将受刑罚，他又能代为受罪，这又可算孝顺极了。正直而且孝顺的人，也要受到刑罚，我们楚国，还能找得出不该受刑的人吗？"

楚王听了这段话，便将那个正直人释放了。

自己吃自己的肉

齐国❶有两个勇士❷,一个住在东郭❸,一个住在西郭。他们俩都以为自己是天下最勇的人,谁也不肯服谁。

有一天,两个人在路上遇着了,便互相邀请,到一家酒店里去喝酒。

两个人默默地喝了几杯,东郭的勇士便提议道:"我

---

❶ 齐国:周武王封太公望于齐。战国初,他的臣子田氏篡国,为七雄之一。
❷ 勇士:有勇力的人。
❸ 东郭:郭是外城。东郭就是东边的外城,西郭就是西边的外城。

吕·氏·春·秋·童·话

们可要买些肉来吃吗？"

西郭的勇士道："你的身上不是有肉吗？我的身上也有肉，我们为什么还要买肉？"

东郭的勇士不肯示弱，便很慷慨地道："对啊，那么我们就来吃自己的肉吧！"

西郭的勇士随即叫跑堂的拿了些酱油来，开始抽出身上的佩刀，将自己手臂上的肉，割下了一块。

东郭的勇士要表示他的勇，接着也抽出佩刀，在自己身上割下了一块更大的肉。他们便蘸了些酱油，津津有味地同时大嚼起来。

这样，西郭的勇士割一块，东郭的勇士也割一块，两个人都咬着牙齿，忍着痛，从手臂上割到胸和背，从胸背再割到股和腿。两个人都割得全身鲜血淋漓，直到断了气才止。

自己吃自己的肉

吕·氏·春·秋·童·话

桑树下的饿人

赵宣孟❶将到绛地❷去,在路上,看见一株骫桑❸下面,躺着一个人,闭着眼睛不住地呻吟着,再也动弹不得。

宣孟下车来,问他:"为什么这样呻吟着?可有什么痛苦?"

---
❶ 赵宣孟:春秋晋赵衰的儿子,名盾。襄公时,代衰将中军。死后谥宣子,又称宣孟。
❷ 绛地:今山西新绛县。
❸ 骫(wěi)桑:骫是弯曲的样子。桑树的枝干,成弯曲形的,叫作骫桑。

那人只有气没力地答了一个"饿"字。

宣孟忙从车子里跳下来,拿了些干粮给他吃。过了一会儿,那人才把眼睛睁开来,向宣孟望着。

宣孟便问他道:"你怎么会饿得这般模样?"

那人答道:"我本来是在绛地做官的,这次请假回家,在半路上,忽然粮食断绝了。要想讨饭呢,觉得有些难为情;要想偷窃呢,却又不敢犯法。因此便饿得这样了。"

宣孟很可怜他,便拿了两块肉脯❶给他吃。那人很恭敬地向宣孟道谢一番,然后将肉脯藏在衣袋里了。

宣孟又问他道:"你既然肚子饿,为什么不吃,却将它藏起来呢?"

那人道:"我家里还有母亲,想拿回去孝敬她。"

---

❶ 肉脯(fǔ):干肉。

桑树下的饿人

吕·氏·春·秋·童·话

宣孟道:"你把这两块肉脯吃了吧,我另外再给你就是了!"说着,便又拿了些肉脯和钱给他,然后跳上车子,去了。

光阴很快,不知不觉地早已两年过去了。这时候,晋灵公❶忽然要杀死宣孟。他一边预先悄悄地埋伏许多武士在房中,一边又假意地去请宣孟到宫中来喝酒。

哪知宣孟一到宫中,便已看出了破绽。因此,他喝了几杯,就向灵公告辞,匆匆地走了。

立刻,灵公命令房中埋伏着的那班武士,赶紧追上去,要把宣孟捉回来。其中有一个武士,跑得最快,他第一个将宣孟追着了。但是,他并不拘捕,只向宣孟低声地说道:"你赶紧跳上那辆车子逃跑吧,然后让我回转去代你死!"

宣孟觉得十分奇怪,匆匆忙忙地问他道:"你叫什

---

❶ 晋灵公:春秋晋襄公的儿子,名夷皋,后来被赵盾的兄弟赵穿所杀。

吕·氏·春·秋·童·话

么名字？"

那武士道："不必问我名字，只要知道，我就是那觖桑下的饿人。"

宣孟走了，那武士真的倒戈相向，和后面追着的武士们决斗起来。可是，寡不敌众，他终于战死了。

破衣服并不算顶坏

　　田赞❶穿着破衣服,去见荆王。荆王问他道:"先生的衣服,为什么这样恶劣?"

　　田赞答道:"我这衣服,并不怎样恶劣。要知道,还有比这恶劣的衣服呢!"

　　荆王诧异道:"还有比这恶劣的衣服,你可以说给我听听吗?"

❶　田赞:战国时齐人。

吕·氏·春·秋·童·话

田赞道:"那就是甲胄❶!"

荆王道:"甲胄,我所有的军士们,个个都穿着鲜明灿烂的甲胄,怎么会比你的破衣服恶劣呢?"

田赞道:"甲胄里面,大概都裹着铁片,又重又紧。冬天穿了,非常寒冷;夏天穿了,却又非常燠热❷。所以,依我看来,所有的衣服,再没有比甲胄恶劣的了。——像我穿这种破衣,不过是为了家里贫穷。现在,大王为万乘❸之主,富贵极了,为什么却叫你的军士也穿这种恶劣的甲胄呢?而且,穿着甲胄的人,总离不了去做那杀人放火的事,断了人家的颈,刳❹了人家的腹,毁坏了人家的城郭,戮死了人家的父子,这种行为,也不见得荣耀啊!至于说到要那些穿甲胄的人维持安宁,在我看来,也不见得。因为,你要想压服人家,人家也想压

---

❶ 甲胄:古时的军服。战争时,用来抵挡刀枪的,有的用皮做成,有的用铁片做成。

❷ 燠(yù)热:闷热。

❸ 万乘:周朝的制度,天子有地方千里,出兵车万乘。后来恭维天子或国王,都称万乘。

❹ 刳(kū):剖开。

吕·氏·春·秋·童·话

服你；人家要想危害你，你也想危害人家。结果，哪里还能够得到安宁呢！总之，从几方面看起来，我觉得甲胄这样东西，绝不是一件好东西！"

荆王听了，竟连一句话也回答不出来。

叫婴儿游泳

一天,有一个过路的人走过江边,忽然听得一阵婴儿的啼哭声。他想:在这荒凉的江边上,哪里来的婴儿呢!他一时被好奇心所驱使,便一直向前走去,打算窥探一个究竟。

当他刚走了几步,便看见那沙滩边,有一个人正抱着一个婴儿,预备将他投到江里去。

婴儿越啼越厉害了,那人却不住地叱责着道:"这

吕·氏·春·秋·童·话

又有什么要紧呢？试试看，你的技术一定很不错的！"

过路的人觉得诧异极了，便赶了过去，问那个人道："老兄，你到底要将这婴儿干什么呢？"

那人道："我要请他到江里，表演些游泳的技术给我瞧瞧！"

过路的人道："像这样一个不满三个月的婴儿，连路都不会走呢，怎么能够到水里去游泳？"

那人很坚决地道："不，你不知道，他的父亲是一个著名的游泳选手，每次比赛都得到锦标，怎么儿子会不懂游泳的呢！"

叫婴儿游泳

不相信夏布是麻制的

有个戎❶人看见人家正在晒布,一匹一匹的,拖得很长。他便向晒布的人问道:"这是什么东西制成的?"

晒布的人便指着田里的麻❷,告诉他道:"是用这些麻制成的。"

戎人非常愤怒,当即驳斥他道:"这些纷乱的麻,

---

❶ 戎:我国古代称西方的民族。
❷ 麻:就是大麻,谷类植物,皮可以织夏布。

33

不相信夏布是麻制的

吕·氏·春·秋·童·话

能够制成这样长长的布吗？哼，你不要欺骗我，我不是三岁的孩子，会相信你的鬼话！"

世界上往往有不能接受人家忠告的，就和这戎人一般见识。

哪里有面目去见仲父

管仲❶有病,齐桓公❷到他家里去探问。

桓公在他的床前坐了一会儿,看他的气色很不好,心里非常忧愁,便对他说道:"仲父❸的病,已经很长久

---

❶ 管仲:春秋时,齐桓公的贤相;名叫夷吾,帮助桓公成霸业,称为仲父。
❷ 齐桓公:春秋五霸的首领,名小白。周庄王十一年,因为他的哥哥襄公无道,出奔到莒;直到襄公被弑,才回到齐国即位。鲍叔牙荐管仲给他,便用管仲做宰相。尊周室,攘夷狄,九合诸侯,一匡天下,终身做着诸侯的盟主。管仲死后,任用一班小人,霸业便衰。
❸ 仲父:齐桓公对于管仲的称呼。仲是管仲的名字,父是尊称他,犹如吕尚被称为尚父一般。

了,因此我也长久得不到你的指导。今天特地到这里来,不知道仲父将怎样地教我!"

管仲道:"齐国有句谚语,叫做'居者无载,行者无埋'❶。现在,做臣子的实在没有什么好说了!"

桓公道:"愿仲父不要推诿!"

管仲答道:"但愿我君,不去亲近易牙❷、竖刀❸、常之巫❹、卫公子启方❺那些人就是了。"

桓公很奇怪地道:"易牙曾经烹了他的儿子,给我吃,

---

❶ 居者无载,行者无埋:意思是做臣子的既然任了职位,要是有什么谋划,当然会告诉他的君上,绝没有藏在心里,不说出来的。就是做臣子快要死了,也应当把它写述出来,使君上可以照着去做,绝没有和自己的肉体同埋到地下去的。

❷ 易牙:也可写作狄牙,春秋时人,善于烹调食物,齐桓公因此便用他为太监,而且非常欢喜他,信任他。等到桓公死后,便和他的同党,作起乱来。

❸ 竖刀:是易牙的同党,也可写作竖刁。

❹ 常之巫:也是易牙的同党。

❺ 卫公子启方:或作开方,本是卫国的公子,出仕于齐国。和竖刀、易牙同专权。后来杀了孝公子,立昭公。

难道还有可疑吗？"

管仲答道："大凡一个人的常情，谁都爱他的儿子的。现在，易牙竟忍心杀死他的儿子，哪里还会爱他的君呢！"

桓公道："那么，竖刀呢？他能够自宫❶了来伺候我，难道还有可疑吗？"

管仲道："大凡一个人的常情，没有一个不爱他的身体的。现在，竖刀竟忍心毁伤了他自己的身体，哪里还会爱他的君呢！"

桓公又说道："常之巫能够知道人的生死，更能够驱除人的苛病，难道也有可疑吗？"

管仲答道："大凡一个人的死生，是有一定的，靠他知道了有什么用呢？疾病，是要医治的，怎么可以驱除得了？现在，我君这样信任常之巫的妖言，或许，他

---

❶ 自宫：自己阉割。

哪里有面目去见仲父

会借了我君的势力，无所不为了。"

桓公又说道："卫公子启方伺候我已经有十五年了，当他父亲死的时候，也不敢回去哭一次，难道还有可疑吗？"

管仲答道："大凡一个人的常情，没有不爱自己的父亲的。现在，卫公子启方竟连自己的父亲都忘记了，哪里还会爱他的君呢！"

桓公很决断地道："仲父的话，我当永远地记住了。"

后来，管仲的病势一天天地加重，不久便死了。桓公因为要遵守管仲的遗言，立刻将易牙、竖刀一班人，完全驱逐了。

但是，自从这班人走了以后，桓公顿觉得饮食没有滋味了，一切的事既没有精神去做，身体也渐渐地衰弱起来了。这样过了三年，桓公实在不能再挨过去了，便说道："仲父毕竟是太过分了，谁说仲父的话都可以实行的呢！"于是，又将易牙、竖刀一班人，完全召了回来。

第二年，桓公偶然病倒了，常之巫便捏造谣言道："桓公将在某日，一定要死了。"一面又勾结易牙、竖刀，在宫的四周筑起高墙，把宫门堵塞了，假借了桓公的命令，无论什么人都不准进出。然后，他们便从从容容地作起乱来了。

有一个妇人，悄悄地从墙上爬进去，到了桓公住着的地方。桓公看见了她，便说："我肚子饿极了，请你给我些东西吃！"

妇人道："叫我到哪里去拿食物呢？"

桓公道："那么，给我些水喝罢！"

妇人道："叫我到哪里拿水呢？"

哪里有面目去见仲父

吕·氏·春·秋·童话

桓公道："这是什么缘故？"

妇人道："易牙、竖刀、常之巫作起乱来了。宫门都被堵塞住，谁也不能进出，所以弄不到东西了。而且，卫公子启方也献了四十社❶给卫国，回卫国去了。"

桓公听说，深深地叹了一口气，眼泪随即挂了下来，哭着道："唉，圣人❷的见识，是多么远大啊！要是人死了尚有知觉的话，我哪里还有面目去见仲父呢！"说着，忙用衣袖将自己的脸遮盖了，便这样断了气。

因为易牙、竖刀等禁止人进出宫门，所以一直过了六十日，桓公才得殡殓。这时，尸首上已经生了虫，一条条向窗户中爬了出来。那样子实在太难看了，只得用一块门板，将尸首盖了起来。又过了三个月，还是没有埋葬。

这是桓公不听管仲的话的结果。

---

❶ 四十社：一社是二十五家，四十社就是一千家。
❷ 圣人：此处指管仲。

哪里有面目去见仲父

吕·氏·春·秋·童·话

由戏谑引起的一场大战

楚国的边境上,有一处叫做卑梁❶的地方,是和吴国的边境相接的。有一天,楚国的一个处女❷和吴国边境上的一个处女,同在卑梁采桑。

她们一边工作着,起先是不过互相谈着话。过了一会儿,渐渐地互相戏谑起来,终至于动手动脚地追逐着。

---

❶ 卑梁:一说是吴国的边邑;楚国边邑叫做钟离。
❷ 处女:没有出嫁的女子。

不知怎样一个不小心,吴国的处女将楚国的处女推了一下,楚国的处女便跌倒在地上,受了伤。

楚国的处女回到家里,把这件事告诉了她的家长。家长便把处女抬到吴国边境上,去责问吴国处女的家长。哪知吴国处女的家长,却不肯认错。于是,两方面便争闹起来。楚国处女的家长愤怒极了,竟把吴国处女的家长杀死了。

吴国人要替那处女的家长报仇,便赶到楚国的边境上,将楚国处女的一家人,也杀死了。

这个消息,立刻传到了卑梁公❶的耳朵里,他便暴跳如雷地道:"吴国人竟敢来挑战了,我们应该出兵反攻,将他们的老老小小,一起杀死了才罢!"

不料,这话又被吴王夷眜❷知道了,他一时真有些

---

❶ 卑梁公:官名,守卑梁地方的大夫。
❷ 夷眜:就是余眜,春秋吴王寿梦的第三子,吴王诸樊的弟弟。

由戏谑引起的一场大战

吕·氏·春·秋·童·话

忍不住了，便发下一道命令：趁楚国没有动手以前，先派兵去把卑梁地方占据了。

吴公子光❶又带了兵，和楚国人在鸡父❷地方开了战。楚国人没法抵御，连他们的主帅潘子臣、小惟子❸、陈夏啮❹，都被吴国捉了去。——于是，楚国便大败了。

其实，这一次大战的起因，不过仅仅为了两个小女子的戏谑罢了。

---

❶ 公子光：就是吴王阖庐，吴王诸樊的儿子。
❷ 鸡父：地名，也称鸡备亭，在现在河南固始县东南。
❸ 潘子臣、小惟子：都是楚国的大夫。惟字也有写作帷字的。
❹ 陈夏啮：夏是姓，啮是名字。夏啮是陈国的大夫。因为鸡父之战，陈蔡都帮助楚国，加入战团，所以陈国的大夫夏啮，也被捉了去。

由戏谑引起的一场大战

吕·氏·春·秋·童·话

请你给了我吧

两家人家,贴邻住着,一向你来我往,非常要好。

左边的那家,园里有一株梧桐树,不知怎么一来,忽然枯死了。右边那家的主人,偶然看见了,便对左边那家的主人道:"这样幽雅的一个花园,却留着这株枯梧桐树,未免有些减色吧!"

左边那家的主人问道:"那么,怎样处置它呢?"

右边那家的主人道:"这是再容易也没有,你只要

请你给了我吧

叫人将它斫去就是了。"

左边那家的主人以为很不错,便立刻喊了他的仆人来,将这株枯梧桐斫去了。

右边那家的主人,眼看着那株枯梧桐倒在地上了,便向左边的主人道:"这株枯树,你有没有什么用处?"

左边那家的主人摇摇头道:"没有什么用处!"

右边那家的主人道:"那么,请你给了我吧!"

左边那家的主人诧异地问道:"你有什么用处呢?"

右边那家的主人道:"我拿回去,可以将它当柴烧!"

左边那家的主人不觉跳了起来道:"唉,你的存心,未免太阴险了!原来你叫我斫树,是替自己打算,想得些利益罢了。像你这样的人,哪里还可以和你做邻舍!"

不要理他

洧水❶是一条很大的河流。一天,有一个郑国❷的富人,划了一只小船,到河边上来游览。忽然一个不留神,竟掉到河里去了。

当时,岸上虽然有人看见,立刻跳下河去拯救,但是,终因河水湍急,那富人又不识水性,因此便溺死了。那人只得将他的尸首捞了起来,找一个地方搁置着。

---

❶ 洧(wěi)水:中国最古老的河流之一,发源于河南登封县阳城山。
❷ 郑国:周宣王封弟桓公友于郑,在现在陕西华县境。后来迁到新郑,为春秋郑国,就是现在的新郑县。战国时为韩所灭。

吕·氏·春·秋·童·话

富人家里的人，得到了信息，当然啼啼哭哭，十分悲伤；一方面去找到那个捞尸首的人，愿意花几块钱，向他将尸首赎回来。

那个捞着尸首的人，却因为嫌他们所出的钱太少了，不能满足他的欲望，便很坚决地拒绝，非得分一半财产给他不可。

富人家里的人，没法可想，就将这一回事，去告诉邓析❶。邓析道："随他去，不要理他！你们要是不去赎，决不会再有人肯花钱去赎的。既然没有人去赎，他藏着又有什么用处呢？"

那个捞着尸首的人，因为富人的家人不肯多出钱，便也气愤愤地去告诉邓析。邓析又打起了同样的语调道："随他去，不要理他！你要是不送还给他们，他们就是出了钱，也买不到第二个了！"

---

❶ 邓析：春秋郑大夫，后为驷颛所杀，又说是被子产杀死的，著有《邓析子》二篇。

不要理他

吕·氏·春·秋·童·话

子产和邓析

子产❶治郑国,郑大夫邓析故意和他为难,竟把郑国所有的法律,都修改了一下。又和犯罪的百姓们相约,凡是大的案件,只要送一件衣裳❷给他;小的案件,只要送一套襦裤❸给他,他便可以代为帮忙。

---

❶ 子产:春秋郑大夫,姓公孙,名侨。住在东里地方,所以又称东里子产。他从郑简公时起,经过定公、献公、声公,一共做了四十多年官。他在政治上,主张以宽济猛,以猛济宽。当晋楚争霸的时候,不论晋、楚,都很忌惮他。孔子称他为"惠人"。

❷ 衣裳(cháng):古时衣指上衣,裳指下裙。

❸ 襦裤:襦指短袄,裤指裤子。

子产和邓析

吕·氏·春·秋·童·话

　　自此，百姓们献了衣裳和襦裤，来提起诉讼的，每天不知道有多少起。审判的时候，便颠倒黑白，常常是没理的一方面会得到了胜利，有理的一方面反而失败处罪；并且，今天这样判决，明天又会改变了罪状。

　　总之：无论哪一桩案件，邓析要它胜，便可以得到胜利；邓析要处他罪，便可以处罪。司法这样黑暗，因此百姓们一齐都扰攘起来，郑国便大乱了。

　　子产看到这种情形很为担心，只得将邓析处了死刑。这一来，是非才有一定，法律也照旧施行，百姓们才翕服❶了。

---

　❶ 翕（xī）服：顺服，悦服。

难道你还不合算

宋国❶有一个名叫澄子的人,失去了一件缁衣❷,他便匆匆忙忙地跑到大街上去找寻。

他正走着,忽然迎面来了一个妇人,身上却好❸穿着一件缁衣。于是,澄子便一把将她拖住了,一定要她

---

❶ 宋国:是周微子所封的地方,在现在河南商丘。春秋时,为十二诸侯之一;到了战国,为齐所灭。

❷ 缁(zī)衣:颜色暗黑的衣服。一说,是古时候卿士退朝后,治事所穿的衣服。

❸ 却好:恰好,正好。

吕·氏·春·秋·童·话

脱下衣服来归还原主。

那妇人遇到了这样一件意外的事,心里非常惊慌,便问澄子道:"你到底干什么呢?"

澄子道:"我失去了一件缁衣,所以要拿它回去了!"

妇人道:"你虽然失去了一件缁衣,但是,我的缁衣,却是我自己花钱做的,而且又不是男子穿的衣服,和你有什么相干呢?"

澄子依旧很固执地道:"不要多说了,赶紧脱下来还了我就算了。因为,我的缁衣是顶好的纺绸做的,你的却是用单丝织的,价值是我的贵,现在已经被你掉换了一件,难道你还不合算吗?"

他们俩,便这样在大街上争闹起来。

难道你还不合算

吕·氏·春·秋·童·话

一片梧桐叶的故事

有一个秋天,周成王❶和他的小弟弟❷,在宫中的一株梧桐树下玩。忽然,有一片梧桐叶,从树上飞下来,堕在地上了。

成王随手把那叶片拾了起来,便用一把刀子,将它切成一个圭❸的样子。接着,便和他的小弟弟开玩笑道:

❶ 周成王:周武王的儿子,名诵,即位时年纪还很小,全靠周公帮助他治理国政。
❷ 小弟弟:就是唐叔虞。
❸ 圭:用玉琢成上尖下方的薄板,古时臣子执在手里,当做瑞信的东西。形制大小,看他的爵位而定,有大圭、镇圭、信圭、桓圭、琬圭的分别。

"我要封❶你一处地方了，你且把这个拿去吧！"

他的小弟弟拿到这个树叶做的圭，心里非常高兴。立刻便将这一件事告诉了周公❷。

周公听说，也很欢喜，当即换上了大礼服，到宫里去向成王道贺。

成王还不知道他的来意，因此，反弄得莫名其妙地问道："有什么事可以道贺呢？"

周公道："听说，你已经封了你的小弟弟了，这样的大典，怎么不要道贺！"

成王不觉笑起来道："这哪里是真的，不过刚才我和他说了一句玩话罢了！"

---

❶ 封：古时天子将土地给人，立为诸侯，叫做封。
❷ 周公：周文王的儿子，武王的弟弟，名旦。相武王伐纣，武王死后，成王年幼，便由周公摄政。制礼，作乐，天下大治。

一片梧桐叶的故事

吕·氏·春·秋·童·话

周公正色地道:"天子说出的话,当然要使人遵从的,哪里可以说玩话呢!"

成王没奈何,只得封他的小弟弟在唐❶的地方。

---

❶ 唐:就是现在山西冀城县西的古唐城。后来迁到曲沃,改称晋。

吕·氏·春·秋·童·话

作法自毙

　　唐鞅❶去朝见宋王❷，宋王问他道："我所杀的人，也可以算得多了，为什么臣子们更加不怕我了？"

　　唐鞅道："大王曾经杀死的，都是些怎样的人？"

　　宋王道："那还用说，当然全是些万恶的人。"

---

❶ 唐鞅：宋康王时的宰相。
❷ 宋王：指宋康王，名偃。宋剔成君之弟，战国时期宋国最后一任国君。

作法自毙

唐鞅道:"这样杀人,哪里会使臣子们怕你呢!"

宋王很诧异地道:"这是什么缘故?"

唐鞅道:"大王所杀的,既然都是恶人,那么,自然只有恶人才会怕你。至于大王的臣子们,大概都是好人,好人不会被杀,又何必怕你呢!所以依我的主意,大王如果要使大家怕你,应该不分好人和恶人,常常随意杀死几个。这样,才能使好人和恶人完全怕你呢。"

宋王得到这个策略,果然便开始乱杀人了:不论好人和恶人,每天总要杀死几个。所有的臣子,果然也渐渐地怕他了。

可是,过不了多少时,那个替他想法子的唐鞅,也被杀了。

掘井得了一个人

宋国有家姓丁的,因为家里没有井,每天所用的水,都是到别处去汲取来的。

丁家的住宅和那口井的所在,实在是距离得太远了,所以,特地派一个人专门管理这汲水的事。自然,别的工作便少一个人干了。

他们对于这件事,渐渐地感觉有些不方便,于是,便决意要在自己家里掘一口井。

掘井得了一个人

吕·氏·春·秋·童·话

过了几天，井果然掘成了。丁家的人，便对邻舍们说道："我们家里掘了一口井，却得到了一个做工的人。"

邻舍们没有把这话考察清楚，便一传十，十传百地传开去，说道："丁家掘井，竟从井里得到了一个人，这不是很奇怪的吗？"

这样，就把这几句话，当作新闻一般的，播扬到了国王的耳朵里了。国王也以为很奇怪，便叫人去向丁家问一个明白。

丁家的人笑道："哈哈，哪里真的会从井里得到了一个人！不过，我们掘了一口井，便可以省了一个到远处去汲水的人。现在将那专门汲水的人，改做别种工作，那么在别种工作上，不是就得到一个帮忙的人了吗？"

经这么一说明，大家才恍然大悟，那谣言也渐渐地消灭了。

掘井得了一个人

吕·氏·春·秋·童·话

夔只有一只足吗

鲁哀公❶问孔子道:"听说,从前虞舜❷时候,有一个乐正❸名叫夔的,却只有一只足,可是真的吗?"

孔子立刻好笑起来道:"哪里有这种话!当初,虞舜想要用音乐去感化百姓们,便由重黎保举了一个夔给虞舜,就用他做乐正。后来,因为重黎又打算去访寻几个像夔一样的人,荐给虞舜,所以,虞舜便说道:'可

---
❶ 鲁哀公:鲁定公的儿子,姬姓,名将,死后谥哀。
❷ 虞舜:传说中的上古帝王。
❸ 乐正:古时候的官名,职务是专门掌管音乐的。

69

夔只有一只足吗

以不必再多荐人，只要夔一个足了！'他所说的'夔一个足了'，意思是'有一个夔足够了'，哪里是说他只有一只足呢！"

哀公听说，也觉得辗转传说的谬误，实在滑稽得太可笑了。

百姓们的口是防不住的

周厉王❶虐待百姓,很是厉害。百姓们虽然无可奈何他,但是,在背后诽谤❷他的,不知道有多少。

召公❸听到了这种消息,便去对厉王说道:"百姓们受到你的种种暴虐,差不多谁都不能活命了。所以,外面痛恨你的人很多——现在,你应该怎样改过才是啊!"

---

❶ 周厉王:周夷王之子,西周第十位王,名胡,暴虐无道。
❷ 诽谤:说坏话。
❸ 召(shào)公:姓姬,名奭(shì),成王时为三公,自陕以西,归召公管理;陕以东,归周公管理。死后谥康。

吕·氏·春·秋·童·话

哪知，厉王听了，非但漠不动心，而且还派了一个名叫卫巫的人，去监督百姓们。如果听到有诽谤厉王的，便立刻捉来杀死。因此，全国的人，连话也不敢说了。有时在路上遇着了，彼此只用眼睛互相招呼一下就算了。

厉王的政策，居然得到了这样的成绩，他心里自然得意非凡。所以，当他见到了召公的时候，便告诉他道："百姓们的诽谤，现在已经被我完全消弭❶了。哈哈，你不妨再去打探一下，可还有人敢说我一个'坏'字的吗？"

召公道："这哪里是消弭了的，你不过用了暴力，暂时将他们的口封锁起来罢了！但是，你要知道，防百姓们的口，好像是在防一条川。川里水一时虽被阻塞了，要是一旦涌起来，一定会将堤防溃决的。到那时，所受的害处，也许更要增加呢！"

厉王不听他的话。果然，不到三年，全国的人一致起来反抗，将厉王放逐到彘❷的地方。

❶ 消弭（mǐ）：消除。
❷ 彘（zhì）：河东永安，约在现在山西境内黄河以东地方。

百姓们的口是防不住的

吕·氏·春·秋·童·话

黎丘的鬼

梁国❶北面的黎丘❷部,有一个奇怪的鬼,专门欢喜学人的形状。

有一晚,有一个老人到市上去喝酒,回来的时候,已经酩酊大醉了。走到半路上,便遇见了那个鬼,形状竟变得和老人的儿子一模一样,一边扶着老人走回去,一边却不住口地责骂老人,不该喝得这样大醉。

---

❶ 梁国:战国七雄之一,就是魏国;后来迁都大梁,所以便称为梁。
❷ 黎丘:在河南虞城县北。

第二天，老人酒醒了，记起了昨晚的事，便对他的儿子道："我昨晚偶然喝醉了酒，你竟这样的责骂我。要知道，我到底是你的父亲呀，做儿子的怎么可以这样无礼！"

儿子听了，不觉诧异起来道："哪里有这样的事，我昨晚一夜没有回家，父亲怎会在半路上遇见呢？"

老人不相信，依旧埋怨他儿子，不该再说诳话。

儿子无可表白，便呜呜地哭起来道："我昨晚在东邑有些事情，所以被耽搁住了，直到今天早晨才回家，父亲要是不相信，可以到东邑去打听的。"

老人这才恍然大悟道："哦，那一定就是那个鬼在作祟了。这一次，既被他所欺骗，也就算了；以后要是再遇到他，我一定要将他一刀杀死，才可以出一口气呢！"

第二天晚上，老人又到市上去喝酒了。到了夜深的

吕·氏·春·秋·童·话

时候，他的儿子一直等着，等着，总不见他回来，以为出了什么乱子，便决定到半路上去迎接。

老人一路走来，远远地便望见了他的儿子，他想："那个鬼又来了，这一次，我一定不再上他的当了。"

过了一会儿，两个人渐走渐近了，老人便拔出剑来，向他的儿子直刺过去。只听得"啊呀"一声，他儿子早已倒在地上死了。

黎丘的鬼

吕·氏·春·秋·童·话

编 后 记

1931—1934年，中华书局出版了《儿童古今通》丛书。这套丛书的作者皆为民国时期大家，选取我国古代典籍中有趣味且富含哲理的故事，译成浅明易懂的语体文，以供小朋友们阅读。

本社此次精选部分书目进行整理再版。为了便于今天的儿童阅读和接受，将原来竖排繁体转化为横排简体形式。在保持总体语言风格不变的基础上，主要做了以下修订。

一是每个故事都配了一幅原创插画，既简洁生动，又契合文意。

二是对一些疑难生僻字加了拼音和注释，以帮助儿童阅读和理解。

三是对标点符号及个别词语按照现在的用法规范和语言习惯加以修改。

四是对部分原文注释进行修订，以更加全面和严谨。

希望小朋友们在阅读这些童话的同时，能够感受到其中的精彩，进一步激发阅读原著的兴趣。正如著者之一的吕伯攸所说："原书经过这么一次意译，也许会把它的本意走了味。不过，小朋友们先读了这本小册子，将来再读原书，未始不可借此做个引导啊！"

编者

2018 年 12 月